GASTON JOURDANNE

L'HOTEL DE ROLLAND

CARCASSONNE

IMPRIMERIE GABELLE, BONNAFOUS ET Cie

50, Rue de la Mairie, 50.

1896

L'HOTEL

DE ROLLAND

A CARCASSONNE

L'hôtel de Rolland est certainement, à Carcassonne, l'édifice le mieux conservé, le plus parfait de l'architecture civile du XVIIIe siècle, époque de Louis XV. A ce titre il nous a paru mériter une étude spéciale.

Mais nous devons, tout d'abord, remercier M. Charles de Rolland, qui en est actuellement le propriétaire, de la courtoisie et de la bonne grâce avec lesquelles il a mis à notre disposition les documents en sa possession. Si nous avons pu apporter sur cette question des renseignements inédits, c'est à lui que nous le devons.

EMPLACEMENT

On possède sur l'état de Carcassonne au XVIIIe siècle deux documents importants. D'abord le plan tracé en 1729 par l'ingénieur Jacques de Bonnelevay. Ensuite un plan géométrique, dressé en 1780, et référé aux reconnaissances consenties en faveur du Roy.

C'est entre ces deux dates de 1729 et de 1780 que se place la construction de l'hôtel par noble Jean-François de Cavailhez.

M. Charles de Rolland a bien voulu nous communiquer un cahier manuscrit rédigé de la main même de M. de Cavailhez et portant le prix d'achat des maisons sur l'emplacement desquelles l'hôtel fut elevé. Le cahier comprend aussi, d'une façon très détaillée, le prix de la main-d'œuvre ainsi que des fournitures de maçonnerie, de charpente, de serrurerie. Mais il convient de dire que ces notes se réfèrent surtout au gros œuvre ; on n'y trouve que peu de chose en ce qui concerne la décoration intérieure des appartements.

Voyons d'abord quel emplacement fut

choisi par M. de Cavailhez. Nous lisons ceci dans son cahier :

1746	
Février 15. Pour l'achat de la maison payée à M. Pascal (1).......	13.327 l. 6 d.
1750	
Mai 23. Pour l'achat de deux petites maisons contigues à Robert Fourès, marchant...	2.628 l.
1751	
Décembre 8. Achat de la maison de Mlle Coste échangée avec celle de Blanchet confrontant à la dite Paule Coste..	6.311 l. 13 d. 4
Achat de 3 écuries à Mlle Claire Lemoyne.....	475 l.
	22.741 l. 19 d. 4

(1) Nous donnons les chiffres d'ensemble sans détailler les droits de contrat, de lods, etc.

Si nous détachons du plan de 1729 la portion relative à ces immeubles nous aurons les indications suivantes :

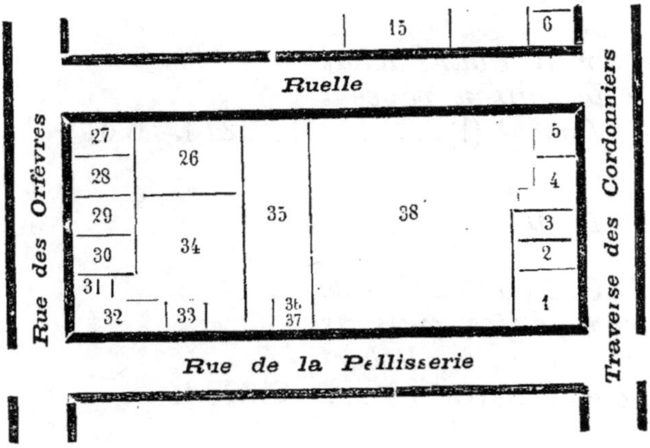

15 6
Ruelle
Rue des Orfèvres
Traverse des Cordonniers
27 28 29 30 31 32 33 26 34 35 36 37 38 5 4 3 2 1
Rue de la Pellisserie

Ce quartier porte sur le plan le nom de *Carron de Vivès* (1). D'après la nomenclature qui accompagne le plan on connaît le nom des divers propriétaires :

1. Jean Teisseire et Jean Rancoulet, cordonniers.
2. J.-B. Deumier, cordonnier.
3. Jacques Bessière, cordonnier.
4. Le sieur Ch. Pascal, marchand drapier.
5. François Ax, cordonnier.

(1) Y compris l'autre quartier qui se trouve de l'autre côté de la ruelle. On trouve sur la liste des consuls de Carcassonne : Viviès Jean, bourgeois, 1585, 1595, 1604, 1615.

27. Le sieur Bertrand Coret, pelletier.

28. Marie-Thérèse Faucher, veuve de Clottes.

29. Pierre Donnat, cordonnier.

30. Jean Lambert, orfèvre.

26. Héritiers Guillaume Baron.

31. Anne Chavrié.

32. Le sieur Paul Mazué, marchand de fer.

33. Le sieur Jean Martin, marchand.

34. Le sieur Pierre d'Aubusson, avocat.

35. Le sieur J.-F. Blanchet, marchand.

36. Marianne et Jeanne de Fourès, sœurs.

37. Philippe Fourès, marchand curieux (*sic*).

38. Le sieur Ch. Pascal, marchand drapier (1).

C'est donc par le numéro 38 que M. de Cavailhez commença ses acquisitions en 1746. Les deux petites maisons contigües achetées en 1750 sont aussi parfaitement indiquées sous les numéros 36 et 37. Il est vraisemblable que Robert Fourès mentionné par M. de Cavailhez sur son cahier était l'héritier de Philippe Fourès le *marchand*

---

(1) Charles Pascal, marchand drapier fut consul de Carcassonne en 1705. Son fils Louis, marié à Jeanne de Poulhariez, fonda en 1734 la manufacture de draps de Montolieu. Une des filles de Louis Pascal se maria avec Dominique Peyrusse, consul en 1769, une autre avec Joseph d'Ayrolles, conseiller du Roi en la généralité de Montauban, seigneur de Leuc et Villarlong.

curieux (1) et des deux sœurs de Fourès. On s'explique aussi très bien qu'en échange du n° 35, acquis du sieur Blanchet, M. de Cavailhez acheta autre part (peu nous importe de savoir où) la maison de Mlle Coste.

Il n'est pas aussi facile de savoir où se trouvaient les 3 écuries achetées à Mlle Claire Lemoyne. Il ne peut être question des nos 33 ou 34, qui, sur le plan de 1780, figurent sous le nom d'autres propriétaires que M. de Cavailhez, alors que, sur ce plan, noble Jean François de Cavailhez est indiqué comme propriétaire des numéros 35, 36, 37 et 38 acquis par lui dans les conditions que l'on sait; mais il est admissible que les 3 écuries de Mlle Lemoyne fussent situées de l'autre côté de la ruelle, au numéro 15. Il est fort possible que, suivant l'usage, d'ailleurs très répandu alors, M. de Cavailhez ait installé ses écuries non dans son hôtel même mais dans un endroit rapproché.

Il est à remarquer que (sans doute par le même acte), M. de Cavailhez acheta à Charles Pascal la maison qui porte le n° 4 et donne dans la *Traverse des Cordonniers*, aujourd'hui *Rue de la Préfecture*.

On n'ignore pas que la *Rue de la Pellisserie* est actuellement la *Rue de la Mairie*; la *Rue des Orfèvres* a pris le nom de *Rue Courtejaire*, et la petite ruelle se nomme aujourd'hui *Ruelle Rolland*.

---

(1) Probablement marchand de curiosités.

Comme presque toute la Ville-Basse le carron de Vivès, qui devint en 1780 le *carron de Mansencal* (1), relevait de la directe du Roy.

CONSTRUCTION

M. de Cavailhez ne commença à construire sa maison qu'en février 1751, cinq ans environ après avoir acheté l'emplacement nécessaire. Cependant dès 1746 il en avait le plan. On voit en effet que le 28 octobre de cette année il paie 168 livres « à *M. Rollin, architecte, pour avoir tiré un plan de ma maison.* »

Mais si M. Rollin conçut les plans il ne dirigea pas les travaux On voit en effet, à diverses reprises, notamment à la date du 12 mai 1751, qu'un sieur Lechevalier reçoit certaines sommes « pour la direction du bâtiment. »

On a vu par les tableaux ci-dessus que les deux petites maisons achetées à Robert Fourès ne furent acquises qu'en 1750; même la maison de Blanchet ne fut achetée que le 8 décembre 1751. Les travaux de construction ne commencèrent donc qu'après l'achat

(1) Ce nom rappelle celui des Mansencal seigneurs de Vénerque (Haute-Garonne) cité par Lafaille : *Traité de la noblesse des capitouls de Toulouse*, édition de 1707, p. 167.

des deux petites maisons de Fourès, destinées, par l'adjonction de celle de Blanchet, à donner à la future construction un aspect rectangulaire exact.

Commencés dans les premiers jours de février 1751 les travaux prirent fin dans les premiers jours de janvier 1761. Ils s'élevèrent à la somme totale de 150.067 livres.

Il serait intéressant d'en suivre pas à pas les progrès, car la précision avec laquelle M. de Cavailhez note ses diverses dépenses pourrait servir à faire connaître les prix usités alors pour les journées d'ouvrier, ainsi que pour les fournitures ; mais cela nous entraînerait trop loin.

MARBRERIES ET SCULPTURES

Plusieurs cheminées ont été conservées exactement telles qu'elles furent sculptées pour M. de Cavailhez.

Le sculpteur Barata en exécuta plusieurs, et très probablement celle qui renferme des applications de brèche violette.

Ce Barata est loin d'être inconnu dans l'histoire locale. Il se nommait Jean Barata; ce fut lui qui, en 1767, reprit et acheva la construction de la Fontaine de la Place aux Herbes, dont son père Isidore Barata avait été chargé en 1752 et que ce dernier n'avait pu achever étant tombé en déconfiture.

Parmi d'autres ouvrages exécutés par Jean Barata à l'hôtel Cavailhez nous trouvons trois petites tables en marbre d'Italie.

Deux autres cheminées furent exécutées, nous dit M. de Cavailhez par le sculpteur Parent. Celui-ci, non plus, n'est point un inconnu. Né en 1702 Louis Parent (ou Parant) élève de son père Philippe, qui fut, lui aussi un artiste d'un certain mérite, alla à Paris et à Rome, et fut pendant neuf ans employé aux travaux de l'Escurial en Espagne. Il vint s'établir à Carcassonne où nous le voyons le 13 mai 1771 figurer parmi les experts nommés par la ville de Carcassonne pour vérifier le travail de Barata à la Place aux Herbes. De Carcassonne il fut appelé à Toulouse où il fut chargé des ornements de la façade du Capitole. Nommé dans cette ville, professeur à l'académie des Beaux Arts, il y mourut en 1772. (1).

Dominique Nelly est aussi inscrit comme ayant fait, entr'autres, une cheminée et une table griote. Le nom de Nelly est, encore aujourd'hui, très honorablement porté dans la ville de Carcassonne par M. Isidore Nelly, sculpteur et par son fils M. Léon Nelly, architecte.

---

(1) Mahul (Cartulaire VI, II. 213.)

SERRURERIE

Les travaux de serrurerie eurent pour principal auteur un nommé Bertrand. C'est lui qui exécuta les neuf balcons de la façade et le grand balcon de la Cour; c'est lui aussi qui, très probablement, exécuta la belle rampe en fer forgé de l'escalier du pavillon de droite conduisant aux appartements de réception.

Encore une notoriété locale de Bertrand. Il fut désigné avec Parent pour vérifier, en 1771, le travail de Barata à la Place aux Herbes.

On trouve en diverses maisons de la ville de Carcassonne de très artistiques spécimens de serrurerie. Même en tenant compte de la supériorité bien connue que les siècles qui ont précédé celui-ci présentent sur l'époque actuelle à ce point de vue, on peut affirmer que l'ouvrier inconnu qui les a forgés était un artiste hors ligne. Quand on rapproche ces spécimens de ceux fournis par l'hôtel Cavailhez, on demeure convaincu qu'ils sont le produit sinon de la même main, tout au moins de la même école.

Ce chef d'école serait-il notre Bertrand ? Nous n'en avons pas eu la preuve directe. Mais des personnes âgées se souviennent très bien avoir entendu parler de lui par un serrurier du nom de Plancard, dans la famille duquel se sont continuées jusqu'à nos jours les bonnes traditions de la serrurerie. Il paraîtrait, d'après ces données, que Bertrand fut un artiste habile et un excellent dessinateur, si excellent d'ailleurs que ce serait lui qui aurait donné à Jacques Gamelin ses premières leçons de dessin.

FENÊTRES DE LA FAÇADE

Nombreux sont les articles payés à des tailleurs de pierre; mais nous n'avons pas su reconnaître le nom de ces ouvriers. Il n'eut pas été cependant sans intérêt de savoir le nom de ceux qui ont sculpté les mascarons des fenêtres dans cette belle pierre grise, si résistante, qu'on appelait alors la *pierre de Pezens*.

SCULPTURES EN PLATRE

Nous conserverons cette rubrique employée par M. de Cavailhez bien qu'elle nous paraisse un peu inexacte, car il vaudrait mieux dire : *modelages de plâtre*. M. de Cavailhez nous apprend que leur auteur est un nommé Faure.

Dans plusieurs appartements on voit des

modelages qui datent de la construction de l'hôtel. Ils sont certainement l'œuvre de ce Faure, sur la vie duquel nous n'avons, d'ailleurs aucun renseignement.

DORURES

On dorait beaucoup dans le style de Louis XV, les dessus de cheminées, les trumeaux, etc...

M. de Cavailhez cite à diverses reprises le nom de Sacombe, doreur, lequel doit être le père (ou le parent) du fameux médecin Jean-François Sacombe, né à Carcassonne en 1750 et mort à Paris le 23 avril 1822 (1).

TAPISSERIES D'AUBUSSON

Un des salons de l'hôtel est remarquable par les belles tapisseries d'Aubusson qu'il renferme. Ces panneaux ont été évidemment commandés et fabriqués pour la place qu'ils occupent encore aujour-

---

(1) Labouisse-Rochefort (*Biographie de Sacombe*). — Barbier (*La France Littéraire*, article *Sacombe*)... — Ces Sacombe devaient être doreurs de père en fils. En mars 1688, Henry-Sacombe « maître-doreur à Carcassonne » est chargé de réparer le rétable de l'Eglise d'Azille (*Archives de l'Aude*, série G, 46, f° 297.

d'hui ; ils sont accompagnés de deux autres, plus petits, placés parallèlement à la cheminée. L'appartement renferme aussi un canapé et dix fauteuils, également en tapisserie d'Aubusson, et datant de la même époque (1).

Tous ces objets sont énumérés dans le cahier des charges de la vente judiciaire par laquelle M. Joseph de Rolland se rendit en 1815 acquéreur de l'hôtel Cavailhez.

Les deux grands panneaux d'Aubusson représentent des fêtes champêtres de Teniers. Les tableaux originaux furent achetés pour Catherine II et sont mentionnés de la manière suivante sur le Catalogue du musée de l'Ermitage à Saint-Pétersboug (2).

« N° 674. *Une Fête de Village*, millésime « 1646 (suit la description du tableau). Au- « trefois, dans la collection du Marquis « d'Argenson, et, plus tard, dans celle du « duc de Choiseul. Gravé à Paris par Le « Bas.

« N° 675. *Fête de Village*, signé David « Téniers, 1648. Téniers s'y est représenté

---

(1) En tout cas elles sont certainement antérieures à 1785, puisque les tableaux originaux furent achetés pour la grande Catherine après la mort du duc de Choiseul à cette date.

(2) 2e Vol. P. 93.

« lui-même avec sa femme, fille de Brueghel « de Velcurs, et d'autres personnages de sa « famille. Provenant des mêmes galeries. »

NOTES BIOGRAPHIQUES

Jean-François de Cavailhez était un riche fabricant de draps, devenu noble par l'achat d'une charge de secrétaire du Roi. On sait que ce titre conférait la noblesse après vingt ans d'exercice. Après sa mort l'hôtel échut à son fils Jean-François-Bertrand de Cavailhez de Lasbordes (1). Ce dernier figure parmi les membres de la noblesse dans l'assemblée générale des Trois Ordres du diocèse de Carcassonne le 4 février 1789.

M. de Cavailhez de Lasbordes (dont la famille existe encore dans l'arrondissement de Castelnaudary), après avoir mené une existence des plus fastueuses, se vit obligé de vendre son hôtel au citoyen Jacques Rose Voisins, propriétaire à Brugairolles, dans l'arrondissement de Limoux. La vente eut lieu le 22 prairial an IX par devant Me Cazes, notaire à Carcassonne, pour le prix de 45 000 francs. Le citoyen Voisins, ainsi désigné suivant le style de l'époque, n'est autre que le Marquis de Voisins-Bru-

(1) Marquis de Lasbordes, seigneur de Pebrens et Mezerac, 1787. *Arch. de l'Aude*, série B, 2207.

gairolles, descendant, à ce qu'il semble, de Pierre de Voisins, sénéchal de Simon de Montfort en 1215. Il épousa Henriette de Lambert, de la famille parlementaire qui possédait à Paris, dans l'île Saint-Louis, le fameux hôtel Lambert, acheté depuis par le prince Adam Czartoriski.

Mais le Marquis de Voisins étant mort sans avoir soldé la dette de 45.000 fr. qu'il avait contractée pour l'achat de l'hôtel, sa veuve restée tutrice de trois enfants mineurs fit procéder le 19 avril 1813 à la licitation de l'immeuble.

Ajoutons pour en terminer avec la famille de Voisins que l'aîné des trois mineurs en question épousa Mlle du Roure et finit assez mal. Le second, Henri, vivait encore en 1860. Avec lui s'est éteinte la descendance directe de cette vieille famille.

L'hôtel Cavailhez, à la vente du 19 avril 1813 avait été acheté par M. Talamas, négociant à Carcassonne, qui ne jouit pas longtemps de son acquisition, car il mourut le 5 janvier 1814 laissant plusieurs enfants, dont un mineur.

Sa succession étant quelque peu embrouillée, il fut procédé à la vente judiciaire des immeubles qui en dépendaient (1), et ce

(1) Le cahier des charges énumère comme lui appartenant : 1° Une maison sise rue de la Mairie ; c'est celle dont il s'agit ; 2° Une maison sise rue Royale acquise de M. Thoron. La rue Royale est aujourd'hui

par devant le Tribunal de première instance de Carcassonne. A la suite d'enchères assez mouvementées ouvertes à l'audience du 9 mars 1815 l'hôtel de Cavailhez fut adjugé avec le mobilier qu'il renfermait, pour une somme de 45,025 francs à M. Joseph de Rolland.

Détail intéressant : Il est dit dans le cahier des charges que le mobilier attaché à la maison est loué par Mme de Lambert à Mme de Lawless pour un espace de trois ans et demi (du 1er octobre 1811 au 1er avril 1815) moyennant deux mille cents francs par an. On sait que Mme de Lawless, irlandaise de naissance, ayant acheté en 1801 l'étang de Marseillette, était parvenue à le dessécher après dix années d'efforts.

M. Joseph de Rolland, le nouvel acquéreur de l'hôtel Cavailhez, était fils de M. Raymond de Rolland, le dernier lieutenant général et juge mage en la sénéchaussée de Carcassonne, et le premier président du Tribunal civil de cette ville. M. Isidore Dougados a donné de la vie de ce magistrat une notice biographique très exacte. (1).

---

la Grand'Rue. On trouve sur le plan de 1780 Antoine Thoron, propriétaire dans cette rue de deux immeubles nos 17 et 18. Ces numéros correspondent à ceux actuels ; 3o Le domaine d'Alibert, commune de Carcassonne, route de Toulouse ; 4o Le domaine de Contant près le domaine ci-dessus ; 5o Le domaine de Caux, acquis des sieurs Vitalis et Guitard.

(1) *Mémoires de la Société des Arts et Sciences de Carcassonne*, T. II, p. 55.

Au moment où il acheta l'hôtel Cavailhez M. Joseph de Rolland était président du Conseil Général de l'Aude. A la seconde Restauration il fut nommé Receveur Général de ce département et occupa cette fonction jusqu'en 1830, époque où il fut révoqué pour sa fidélité au gouvernement qui l'avait nommé.

Le 11 novembre 1815 le duc d'Angoulême passa à Carcassonne ; il fut logé à la Préfecture de l'Aude, son aide de camp le Vicomte de Champagny fut l'hôte de M. Joseph de Rolland.

M. Charles de Rolland, fils de l'ancien receveur général, est aujourd'hui propriétaire de l'hôtel Cavailhez, qui est connu actuellement sous le nom d'hôtel de Rolland.

www.ingramcontent.com/pod-product-compliance
Lightning Source LLC
LaVergne TN
LVHW052035160826
845678LV00003B/1365

* 9 7 8 2 3 2 9 6 3 5 5 5 2 *